Rumbo a tu Libertad Financiera:
RÁPIDO Y CONSCIENTE

⅓ El primer tomo de éste viaje

¡Dedicado con mucho cariño a todos aquellos que luchan por sus sueños!

HERMANOS MANTILLA

Índice

Introducción

¿Qué es la libertad financiera y por qué es importante?

La libertad financiera es un estado en el que tus ingresos pasivos (*ingresos que generas sin tener que trabajar activamente*) son suficientes para cubrir tus gastos y mantener tu estilo de vida deseado. En otras palabras, es el momento en el que ya no tienes que depender de un empleo tradicional o trabajar largas horas para ganar dinero, porque tus inversiones y fuentes de ingresos pasivos generan suficiente dinero para mantenerte.

Es importante entender que la libertad financiera **NO** se trata de ser millonario o tener una gran fortuna acumulada. Se trata de alcanzar un punto donde tienes control sobre tus finanzas, tus decisiones y, en última instancia, sobre tu vida. Es un **estado de seguridad económica que te permite perseguir tus pasiones, intereses y objetivos sin estar atado a la preocupación constante por el dinero.**

Algunas razones por las cuales la libertad financiera es importante:

- **Autonomía y elección:** Al tener libertad financiera, tienes la capacidad de tomar decisiones basadas en tus deseos y objetivos personales, en lugar de estar limitado por la necesidad de ganar dinero para sobrevivir.

- **Reducción del estrés y la ansiedad:** La preocupación constante por los problemas financieros puede ser abrumadora y afectar negativamente tu bienestar emocional y físico. Al alcanzar la libertad financiera, puedes reducir significativamente el estrés relacionado con el dinero y disfrutar de una mayor tranquilidad mental.

- **Flexibilidad en el trabajo:** La libertad financiera te permite tener opciones laborales más amplias. Puedes elegir trabajar en proyectos que te apasionen o dedicar tiempo a emprender nuevos desafíos sin tener que preocuparte únicamente por el salario.

- **Tiempo para las cosas importantes:** Al no estar atrapado en una carrera constante para ganar dinero, puedes dedicar más tiempo a tus seres queridos, a tu familia, a tus pasiones, a tu crecimiento personal y a causas que te importan.

- **Preparación para el futuro:** Al alcanzar la libertad financiera, puedes planificar y asegurar tu futuro financiero y el de tu familia con mayor confianza. Tendrás una red de seguridad para enfrentar cualquier desafío económico inesperado.

- **Impacto en la comunidad:** Al disponer de más recursos financieros, puedes tener un impacto positivo en la comunidad y contribuir a causas sociales o proyectos que beneficien a otros. Existen incluso tipos de Fundaciones o Clubes como los Rotarios en donde un grupo de personas se unen en función de causas comunes para las poblaciones o zonas en donde viven.

Es esencial destacar que alcanzar la libertad financiera no es un proceso rápido o fácil. Requiere un compromiso a largo plazo, disciplina financiera, educación financiera y toma de decisiones inteligentes. Sin embargo, los beneficios que se obtienen al alcanzar este objetivo son invaluables y pueden cambiar radicalmente la calidad de vida de una persona.

Espero que esta explicación te haya dado una idea clara sobre qué es la libertad financiera y por qué es tan valiosa para muchas personas. Recuerda que cada uno de nosotros tiene su propio camino hacia la libertad financiera, y lo importante es tomar acciones consistentes y en línea con tus objetivos para avanzar hacia esa meta.

La importancia de la planificación y la acción consciente para lograr resultados.

La planificación y la acción consciente son dos pilares fundamentales para alcanzar cualquier objetivo en la vida, incluyendo la libertad financiera. Ambos aspectos están estrechamente interconectados y se complementan entre sí para llevarnos más cerca de nuestros sueños y metas.

A continuación, exploraremos la importancia de la planificación y la acción consciente en el camino hacia el logro de resultados significativos.

- **Claridad de objetivos y dirección:** La planificación nos permite establecer objetivos claros y definir la dirección que queremos seguir. Al tener una visión bien definida de lo que queremos lograr, podemos trazar un mapa para llegar allí. Sin una planificación adecuada, podríamos estar vagando sin rumbo y tomar decisiones aleatorias que no nos acerquen a nuestros propósitos.

- **Maximización de recursos:** La planificación inteligente implica evaluar nuestros recursos disponibles, como tiempo, dinero, habilidades y contactos, y utilizarlos de manera eficiente para lograr nuestros objetivos. Cuando somos conscientes de nuestros recursos y los utilizamos estratégicamente, podemos alcanzar resultados más significativos y evitar malgastar energía y esfuerzo en actividades que no nos llevan a nuestro destino deseado.

- **Superación de obstáculos y desafíos:** La planificación considerada nos permite anticipar posibles obstáculos y desafíos en el camino hacia nuestros objetivos. Al ser conscientes de estas dificultades potenciales, podemos idear soluciones y estrategias para superarlas. La acción consciente, por su parte, nos permite ser flexibles y adaptarnos a las circunstancias cambiantes, sin perder de vista nuestro destino final.

- **Enfoque y priorización:** La planificación nos ayuda a identificar qué tareas y acciones son prioritarias para lograr nuestros objetivos. Al enfocarnos en las actividades que realmente importan, evitamos dispersarnos en tareas secundarias y mantenemos la concentración en lo que es esencial para nuestro éxito. La acción consciente nos permite evitar distracciones y mantenernos comprometidos con nuestros planes, incluso cuando surgen tentaciones o distracciones.

- **Medición y mejora continua:** La planificación nos permite establecer indicadores de progreso y medir nuestros avances a lo largo del tiempo. Al ser conscientes de nuestro progreso, podemos evaluar si nuestras estrategias están funcionando o si necesitamos realizar ajustes para mejorar nuestros resultados. La acción consciente nos lleva a tomar decisiones informadas basadas en los resultados medidos y a mejorar constantemente nuestro enfoque y esfuerzo para lograr nuestros objetivos.

- **Responsabilidad personal:** La planificación y la acción consciente nos hacen responsables de nuestros resultados. Al ser conscientes de nuestras metas y nuestras acciones hacia ellas, asumimos la responsabilidad de nuestro éxito y no buscamos excusas externas. Esto nos empodera y nos impulsa a mantenernos comprometidos con nuestro propósito y esfuerzo a lo largo del tiempo.

En conclusión, la planificación y la acción consciente son herramientas poderosas para alcanzar resultados significativos en cualquier aspecto de la vida, incluyendo la búsqueda de la libertad financiera. Al establecer objetivos claros, utilizar nuestros recursos sabiamente, superar obstáculos, mantener el enfoque y medir nuestro progreso, nos acercamos cada vez más a la realización de nuestros sueños. La combinación de una planificación cuidadosa con una acción consciente y persistente nos permite transformar nuestros deseos en logros tangibles y alcanzar el éxito que anhelamos.

Capítulo 1

Definir tu Visión

La importancia de una visión clara en el camino hacia la libertad financiera.

Una visión clara es una brújula que guía nuestro camino hacia la libertad financiera. Es el punto de partida esencial que define lo que queremos lograr y cómo deseamos que sea nuestra vida financiera en el futuro, es muy importante que si vives con tu pareja, que estén muy alineados y en el mismo contexto y la misma visualización.

Tener una visión clara es fundamental para alcanzar la libertad financiera por varias razones importantes:

- **Proporciona un propósito y motivación:** Una visión clara y emocionante nos da un propósito significativo para trabajar hacia la libertad financiera. Cuando tenemos una imagen vívida de cómo sería nuestra vida sin preocupaciones financieras, nos sentimos motivados para tomar las acciones necesarias para alcanzar esa realidad. Comienza a rayar, dibujar y soñar el "tú del futuro" cuando tengas libertad financiera.

- **Guía de decisiones financieras:** Una visión clara nos ayuda a tomar decisiones coherentes y alineadas con nuestros objetivos financieros. Cada elección que hacemos, desde nuestras inversiones hasta nuestros gastos diarios, se evalúa en función de si nos acerca o nos aleja de la visión que deseamos alcanzar. ¿Te has tomado el espacio y el tiempo para escribir en una hoja de cálculo o usar una app para anotar todos tus gastos que tienes diariamente?

- **Fomenta la perseverancia:** En el camino hacia la libertad financiera, inevitablemente encontraremos desafíos y obstáculos. Una visión clara nos ayuda a mantenernos enfocados en el panorama general y nos impulsa a superar los momentos difíciles, ya que comprendemos que estos son solo pasos temporales hacia nuestra meta.

- **Ayuda a establecer metas concretas:** La visión actúa como un faro que nos guía hacia metas financieras concretas y medibles. Al tener una visión clara, podemos establecer objetivos específicos y alcanzables que nos acerquen paso a paso a nuestra libertad financiera.

- **Estimula la creatividad e innovación:** Una visión clara nos alienta a pensar más allá de lo convencional y a buscar soluciones innovadoras para alcanzar nuestros objetivos financieros. Nos invita a explorar oportunidades que podrían no ser evidentes en un enfoque más limitado.

- **Facilita la colaboración y el apoyo:** Compartir una visión clara con otros, como familiares o socios financieros, facilita la colaboración y el apoyo mutuo. Al comunicar nuestros objetivos y aspiraciones, podemos obtener el respaldo necesario y recibir ideas valiosas de aquellos que están alineados con nuestra visión.

- **Promueve la alineación de valores:** Una visión clara nos permite evaluar si nuestras acciones y decisiones financieras están alineadas con nuestros valores personales. La libertad financiera no solo se trata de acumular riqueza, sino también de vivir una vida significativa y coherente con nuestros principios. Recuerda que la libertad financiera debe ser también sinónimo de tranquilidad para nosotros.

En resumen, una visión clara es el cimiento sobre el cual construimos nuestra búsqueda de la libertad financiera. Al enfocarnos en una imagen clara y poderosa del futuro que deseamos, podemos tomar decisiones informadas, mantenernos motivados durante los desafíos y establecer metas significativas para avanzar hacia la realización de nuestros sueños financieros. Es el primer paso crucial para convertir nuestra aspiración de libertad financiera en una realidad tangible y enriquecedora.

Identificar tus metas y sueños financieros.

Identificar tus metas y sueños financieros es un paso crucial en el camino hacia la libertad financiera. Éste es el proceso de reflexionar sobre lo que realmente deseas lograr en términos económicos y cómo te gustaría que sea tu vida financiera en el futuro.

A continuación, algunas pautas para ayudarte a identificar tus metas y sueños financieros[1]:

---

[1] Siempre te vamos aconsejar que cojas papel y lápiz o en su defecto ten a la mano un archivo de notas para que comiences a escribir sobre cada uno de los puntos que te hacemos cuestionar. Recuerda que si tienes pareja, es fundamental que el ejercicio lo hagan juntos.

- **Reflexiona sobre tus valores y prioridades:** Comienza por reflexionar sobre tus valores personales y las cosas que son más importantes para ti en la vida. Preguntas como: ¿Qué te apasiona?, ¿Qué actividades o logros financieros te brindarían una gran satisfacción personal?. Identificar tus valores y prioridades te ayudará a definir metas que sean significativas para ti.

- **Visualiza tu vida financiera ideal:** Cierra los ojos e imagina cómo sería tu vida si tuvieras libertad financiera. ¿Qué harías con tu tiempo?, ¿Dónde vivirías?, ¿Qué proyectos emprenderías?. Visualizar tu vida financiera ideal te permite obtener una imagen clara de tus metas y sueños financieros.

- **Establece metas financieras específicas y medibles:** Las metas financieras deben ser claras, específicas y medibles. Por ejemplo, en lugar de decir "quiero ser rico", establece una meta específica como "quiero tener una cartera de inversiones diversificada que me genere ingresos pasivos de USD 5,000 al mes en los próximos cinco años".

- **Divide tus metas en objetivos a corto, mediano y largo plazo:** Divide tus metas financieras en hitos alcanzables a corto, mediano y largo plazo. Los objetivos a corto plazo pueden ser alcanzados en unos pocos meses o un año, mientras que los objetivos a mediano y largo plazo pueden llevar más tiempo. Esto te permite medir tu progreso y mantener la motivación a lo largo del camino.[2]

- **Sé realista pero ambicioso:** Es importante que tus metas financieras sean realistas y alcanzables, pero también debes ser lo suficientemente ambicioso para desafiarte a ti mismo. Evita establecer metas demasiado modestas que no te motiven a esforzarte, pero tampoco te pongas

---

[2] Te recomendamos que cada vez que cumplas una meta (por pequeña que sea), te des una recompensa.

metas tan inalcanzables que te desalienten.

- **Escríbelas y revísalas regularmente:** Una vez que hayas identificado tus metas y sueños financieros, escríbelos en un lugar donde puedas revisarlos regularmente. Esto te ayudará a mantener el enfoque y recordar lo que estás trabajando para lograr.

- **Ajusta tus metas según sea necesario:** A medida que avances en tu camino hacia la libertad financiera, es posible que tus metas evolucionen o cambien. Sé flexible y esté dispuesto a ajustar tus metas según sea necesario en función de cambios en tu vida o circunstancias.

Identificar tus metas y sueños financieros es un paso emocionante y empoderador en tu búsqueda de la libertad financiera. Al tener una visión clara de lo que deseas lograr, podrás tomar decisiones financieras más informadas y mantenerte motivado a medida que trabajas para alcanzar tus objetivos.

¡Recuerda que cada pequeño paso te acerca cada vez más a la realización de tus sueños financieros!

Cómo superar los obstáculos mentales y emocionales que pueden limitar tu crecimiento financiero.

Superar los obstáculos mentales y emocionales es fundamental para liberar todo tu potencial en el camino hacia el crecimiento financiero y la libertad económica. Estos obstáculos pueden ser miedos, creencias limitantes o inseguridades que te impiden tomar decisiones financieras audaces y avanzar hacia tus metas.

Aquí hay algunas estrategias para superar estos obstáculos y desbloquear tu éxito financiero:

- **Reconoce tus miedos y creencias limitantes:** El primer paso para superar los obstáculos mentales y emocionales es reconocerlos. Identifica tus miedos financieros y las creencias que te impiden tomar acciones audaces.

Pregúntate a ti mismo: ¿Qué me impide invertir en mí mismo o en oportunidades financieras?, ¿Qué creencias sobre el dinero me limitan?.

- **Desafía tus creencias limitantes:** Una vez que hayas identificado tus creencias limitantes, cuestiona su validez. ¿Son realmente ciertas o son solo percepciones negativas que te has convencido a ti mismo?. Busca evidencia que contradiga estas creencias y enfócate en historias de éxito de personas que han superado circunstancias similares.

- **Practica la mentalidad de crecimiento:** Adopta una mentalidad de crecimiento[3] en lugar de una mentalidad fija. Reconoce que tu capacidad financiera y tus habilidades pueden desarrollarse con el tiempo y la experiencia. Acepta los desafíos como oportunidades para

---

[3] Algunos líderes van creando su propio "mantra" y te recomendamos que tú mismo crees tu propio mantra, lo repitas diariamente al frente de un espejo.

aprender y crecer en lugar de verlos como amenazas.

- **Establece metas realistas y alcanzables:** Establecer metas financieras realistas y alcanzables te ayudará a evitar la sensación de abrumación y te permitirá medir tu progreso. Divide tus objetivos financieros en pasos más pequeños y manejables, y celebra tus logros a medida que los alcances.

- **Busca apoyo y mentores:** Habla con personas que han superado obstáculos similares y alcanzado el éxito financiero. Busca mentores o asesores financieros que puedan brindarte orientación y apoyo en tu camino. La experiencia y la sabiduría de los demás pueden ser invaluables para superar tus propios obstáculos.

- **Practica la autorreflexión y el autocuidado:** Tómate el tiempo para reflexionar sobre tus pensamientos y emociones relacionadas con el dinero.

Identifica situaciones o patrones que desencadenen inseguridades o ansiedad financiera y busca formas de abordarlos. El autocuidado, como el ejercicio, la meditación o hablar con un terapeuta, también puede ayudarte a manejar el estrés y mantener una mentalidad positiva.

- **Aprende de tus fracasos y errores**: Todos cometemos errores financieros en algún momento. En lugar de castigarte por ellos, aprende de tus fracasos y errores. Considera cada error como una lección que te ayudará a mejorar en el futuro. Recuerda que el fracaso es parte del proceso de aprendizaje y crecimiento.

- **Rodéate de una mentalidad positiva**: Las personas con una mentalidad positiva y enfocada tienen más probabilidades de superar los obstáculos financieros. Rodéate de personas que te inspiren y te impulsen hacia adelante. Evita aquellos entornos o personas negativas que puedan minar tu confianza y determinación.

Recuerda que superar los obstáculos mentales y emocionales es un proceso continuo y que lleva tiempo. Ten paciencia contigo mismo y celebra (prémiate) cada paso que des en la dirección correcta. Al liberarte de las limitaciones mentales y emocionales, estarás mejor preparado para tomar decisiones financieras audaces y alcanzar la libertad financiera que tanto deseas.

Crear un plan financiero realista y alcanzable.

Crear un plan financiero realista y alcanzable es esencial para lograr tus metas económicas y alcanzar la libertad financiera. Un plan bien estructurado te proporcionará una hoja de ruta clara para administrar tus recursos y tomar decisiones financieras informadas. Aquí hay algunas pautas para crear un plan financiero que sea realista y te acerque a tus objetivos:

- **Evalúa tu situación financiera actual:** Antes de elaborar un plan, debes tener una visión clara de tu situación financiera actual. Haz un inventario de tus activos, deudas, ingresos y gastos mensuales. Esto te dará una imagen realista de dónde te encuentras y te ayudará a identificar áreas en las que puedas mejorar.

- **Establece objetivos financieros claros y medibles:** Define tus objetivos financieros de manera específica y medible. ¿Qué quieres lograr financieramente en el corto, mediano y largo plazo? Ya sea pagar deudas, ahorrar para un fondo de emergencia o invertir en bienes raíces, cada objetivo debe ser claro y tener una fecha límite realista.

- **Prioriza tus objetivos:** Si tienes varios objetivos financieros, es importante priorizarlos en función de su importancia y urgencia. Identifica cuáles son tus metas principales y enfoca tus esfuerzos y recursos en alcanzarlas primero.

- **Crea un presupuesto realista:** Elabora un presupuesto que refleje tus ingresos y gastos mensuales. Sé honesto contigo mismo y evita subestimar tus gastos. Considera también factores como el ahorro y la inversión en tu presupuesto. Un presupuesto realista te ayudará a tener un control más efectivo de tus finanzas.

- **Reduce los gastos innecesarios:** Identifica los gastos innecesarios y busca formas de reducirlos. Esto puede implicar renunciar a ciertos lujos o gastos impulsivos que no contribuyen a tus objetivos financieros. Redirige esos recursos hacia tus metas más importantes.

- **Crea un fondo de emergencia:** Un fondo de emergencia es crucial para afrontar imprevistos sin recurrir a deudas. Establece un objetivo para tu fondo de emergencia que sea suficiente para cubrir al menos tres a seis meses de gastos básicos.

- **Establece un plan de pago de deudas**: Si tienes deudas, desarrolla un plan para pagarlas de manera sistemática. Prioriza las deudas con tasas de interés más altas y considera estrategias como el método de la bola de nieve o la consolidación de deudas.

- **Invierte de manera inteligente**: Considera las opciones de inversión que se ajusten a tus objetivos financieros y nivel de riesgo. Busca asesoramiento financiero si es necesario y diversifica tus inversiones para reducir el riesgo.

- **Revisa y ajusta tu plan regularmente**: Un plan financiero no es estático; debe adaptarse a medida que cambian tus circunstancias personales y financieras. Revisa tu plan periódicamente y realiza ajustes según sea necesario para mantenerlo actualizado y alineado con tus metas.

Recuerda que un plan financiero es una herramienta flexible y personalizada para guiar tus acciones hacia la libertad financiera. No te desalientes si enfrentas obstáculos o desafíos en el camino. Mantén la disciplina, la perseverancia y la visión clara de tus objetivos, y estarás más cerca de lograr el éxito financiero que deseas.

Capítulo 2

Crear Fuentes de Ingreso Pasivo

Qué es el ingreso pasivo y por qué es fundamental para la libertad financiera.

El ingreso pasivo es una forma de ingreso que se genera con un esfuerzo inicial pero requiere poco o ningún esfuerzo continuo para mantenerlo. En otras palabras, es dinero que llega a ti sin necesidad de que estés activamente involucrado en una actividad laboral o de intercambio de tiempo por dinero. El ingreso pasivo puede provenir de diversas fuentes, como inversiones, negocios en línea, bienes raíces o derechos de autor, entre otros.

La importancia del ingreso pasivo para la libertad financiera radica en varios factores fundamentales:

- **Reducción de la dependencia del trabajo tradicional:** El ingreso pasivo disminuye la dependencia del empleo tradicional, donde el tiempo y el esfuerzo directamente equivalen a los ingresos recibidos. Al crear fuentes de ingreso pasivo, puedes liberar tiempo para enfocarte en actividades que te apasionen, pasar más tiempo con tu familia o invertir en el desarrollo de nuevas habilidades.

- **Generación de ingresos sin límite de tiempo:** Una vez establecido, el ingreso pasivo puede seguir fluyendo incluso cuando no estás activamente trabajando. Esto te permite tener una mayor libertad para disfrutar de la vida y explorar nuevas oportunidades sin preocuparte constantemente por el dinero.

- **Diversificación y seguridad financiera:** Tener múltiples fuentes de ingresos pasivos proporciona una mayor diversificación financiera y reduce el riesgo asociado con depender únicamente de un salario o un negocio en particular. Si una fuente de ingresos falla o disminuye, otras fuentes de ingresos pueden seguir generando recursos.

- **Potencial de crecimiento escalable:** El ingreso pasivo a menudo tiene el potencial de crecer de manera escalable, especialmente en negocios en línea o inversiones. A medida que aumenta la escala de tu negocio o tus inversiones, también aumenta la cantidad de ingresos pasivos generados.

- **Creación de riqueza y activos a largo plazo:** El ingreso pasivo puede ayudarte a crear riqueza y activos a largo plazo que pueden perdurar en el tiempo y beneficiarte durante muchos años. Por ejemplo, las inversiones en bienes raíces pueden generar ingresos pasivos de alquiler durante décadas.

- **Oportunidades de alcanzar la independencia financiera:** El ingreso pasivo es una de las principales vías para lograr la independencia financiera, donde tus ingresos pasivos superan tus gastos y ya no necesitas trabajar para cubrir tus necesidades financieras básicas.

En resumen, el ingreso pasivo es una herramienta poderosa para alcanzar la libertad financiera y vivir la vida que deseas. Al crear fuentes de ingreso pasivo, puedes reducir la dependencia del trabajo tradicional y disfrutar de más tiempo y recursos para perseguir tus sueños y metas personales. La combinación de ingresos activos y pasivos te brinda una mayor estabilidad financiera y te acerca cada vez más a la realización de tus objetivos económicos.

Hazte ésta pregunta: ¿Quién trabaja o genera riqueza mientras duermes?

Estrategias para generar ingresos pasivos: bienes raíces, negocios en línea, inversiones, entre otros.

Claro, aquí tienes una descripción de algunas estrategias populares para generar ingresos pasivos:

- **Bienes raíces:** Invertir en bienes raíces es una de las formas más tradicionales y efectivas de generar ingresos pasivos. Puedes comprar propiedades y alquilarlas a inquilinos, lo que proporcionará un flujo constante de ingresos por concepto de alquiler. Además, el valor de las propiedades puede aumentar con el tiempo, lo que te permitirá obtener ganancias a través de la apreciación del capital. También puedes explorar la inversión en bienes raíces a través de crowdfunding inmobiliario o bienes raíces comerciales.

- **Negocios en línea:** Crear un negocio en línea es otra excelente manera de generar ingresos pasivos. Puedes vender productos físicos o digitales, ofrecer servicios en línea o monetizar un blog o canal de YouTube mediante publicidad o marketing de afiliados. Una vez que hayas establecido un negocio en línea exitoso, puede continuar generando ingresos mientras duermes o te dedicas a otras actividades.

- **Inversiones:** La inversión en diferentes activos financieros, como acciones, bonos, fondos mutuos o bienes raíces, puede generar ingresos pasivos a través de intereses, dividendos o distribuciones. A medida que tus inversiones crecen, también aumentará el ingreso pasivo que generan. Es esencial educarse sobre las diferentes opciones de inversión y considerar los riesgos y rendimientos asociados.

- **Programas de afiliados:** Participar en programas de afiliados es una forma popular de generar ingresos pasivos para los propietarios de sitios web, blogs o canales de redes sociales. Al promocionar productos o servicios de otras empresas a través de enlaces de afiliados, puedes ganar comisiones por cada venta o acción realizada a través de tus referidos.

- **Creación y venta de productos digitales:** Crear y vender productos digitales, como cursos en línea, libros electrónicos, plantillas o software, puede ser una excelente fuente de ingresos pasivos. Una vez que hayas creado el producto, puedes venderlo a un número ilimitado de personas sin la necesidad de realizar entregas físicas.

- **Licencia de propiedad intelectual:** Si posees derechos de autor sobre música, fotografías, videos, software u otros activos intelectuales, puedes licenciarlos para que otras personas o empresas los utilicen. Esto te permitirá generar ingresos pasivos a través de regalías o tarifas de licencia.

- **Creación de un canal de YouTube:** Si disfrutas creando contenido de video, puedes crear un canal de YouTube y monetizarlo a través de anuncios o colaboraciones con marcas. A medida que tu canal crezca en popularidad, los ingresos por publicidad aumentarán, proporcionándote ingresos pasivos.

Es importante tener en cuenta que la generación de ingresos pasivos requiere esfuerzo y dedicación inicial para establecer las fuentes de ingresos. Sin embargo, una vez que estas estrategias estén en marcha, te permitirán obtener ingresos de manera continua con menos esfuerzo a lo largo del tiempo. Es recomendable diversificar tus fuentes de ingresos pasivos para reducir riesgos y aumentar la estabilidad financiera.

Cómo identificar oportunidades de ingresos pasivos que se ajusten a tus habilidades e intereses.

Identificar oportunidades de ingresos pasivos que se ajusten a tus habilidades e intereses es clave para asegurarte de que disfrutes y te comprometas con las fuentes de ingresos que elijas. Aquí hay algunos pasos para ayudarte a encontrar oportunidades de ingresos pasivos que sean adecuadas para ti:

- **Autoevaluación de habilidades y talentos:** Haz una lista de tus habilidades, talentos y conocimientos. ¿Qué cosas haces bien o en las que tienes experiencia? Esto podría incluir habilidades técnicas, habilidades creativas, conocimientos específicos o incluso habilidades sociales. La autoevaluación te permitirá identificar áreas en las que puedas destacar y que puedas aprovechar para generar ingresos pasivos.

- **Encuentra tu pasión e intereses:** Identifica tus pasiones e intereses. ¿Qué actividades disfrutas y te apasionan?

¿Qué temas te entusiasman y podrías pasar horas investigando o trabajando en ellos? Busca oportunidades de ingresos pasivos que estén relacionadas con tus pasiones e intereses, ya que esto te ayudará a mantenerte motivado y comprometido con el trabajo necesario para desarrollar esas fuentes de ingresos.

- **Investiga opciones de ingresos pasivos:** Investiga diferentes oportunidades de ingresos pasivos que estén alineadas con tus habilidades e intereses. Puedes buscar en línea, leer libros o hablar con personas que estén involucradas en diferentes fuentes de ingresos pasivos. Algunas opciones pueden incluir inversión en bienes raíces, negocios en línea, programas de afiliados, venta de productos digitales, licenciamiento de propiedad intelectual, entre otros.

- **Experimenta y prueba:** Una vez que hayas identificado algunas opciones de ingresos pasivos, es hora de experimentar y probar. Comienza con pequeños proyectos o pruebas para ver qué opciones te interesan más y en qué áreas tienes más éxito. La experimentación te permitirá descubrir qué actividades te hacen sentir más realizados y cuáles tienen el potencial de generar los ingresos que deseas.

- **Considera el equilibrio entre esfuerzo y recompensa:** Evalúa el equilibrio entre el esfuerzo requerido y las recompensas potenciales de cada oportunidad de ingresos pasivos. Algunas fuentes de ingresos pueden requerir una inversión inicial significativa de tiempo o dinero, pero pueden generar ingresos pasivos a largo plazo y escalables. Otros pueden requerir menos esfuerzo inicial, pero también pueden generar menos ingresos. Encuentra un equilibrio que se ajuste a tus objetivos financieros y estilo de vida.

- **Aprende y capacítate:** Independientemente de la oportunidad de ingresos pasivos que elijas, es fundamental seguir aprendiendo y capacitándote en esa área. La educación continua te ayudará a mejorar tus habilidades, mantenerte actualizado con las tendencias del mercado y maximizar el potencial de ingresos de tus fuentes de ingresos pasivos.

Recuerda que identificar oportunidades de ingresos pasivos que se ajusten a tus habilidades e intereses puede llevar tiempo y esfuerzo. No tengas miedo de explorar diferentes opciones y ajustar tu enfoque a medida que avanzas en tu búsqueda de generar ingresos pasivos significativos. Al encontrar fuentes de ingresos pasivos que te apasionen y estén en línea con tus habilidades, te sentirás más motivado y preparado para construir una base sólida hacia la libertad financiera.

Diversificación de tus fuentes de ingresos para reducir el riesgo.

La diversificación de tus fuentes de ingresos es una estrategia financiera fundamental para reducir el riesgo y garantizar una mayor estabilidad económica. En lugar de depender únicamente de una fuente de ingresos, la diversificación te permite generar ingresos de diferentes fuentes, lo que puede protegerte ante situaciones imprevistas y minimizar el impacto de cambios económicos o fluctuaciones en un área específica. Aquí te explico por qué es importante diversificar tus fuentes de ingresos:

- **Reducción del riesgo:** Al tener múltiples fuentes de ingresos, te proteges contra el riesgo de depender exclusivamente de una sola fuente, como un empleo tradicional. Si algo sucede con esa fuente de ingresos, las otras fuentes pueden mantener tus finanzas a flote.

- **Adaptación a cambios económicos:** Los cambios en la economía o en el mercado laboral pueden afectar ciertas industrias o profesiones de manera significativa. La diversificación te permite adaptarte a estos cambios y buscar oportunidades en otras áreas.

- **Generación de ingresos pasivos:** La diversificación puede incluir la generación de ingresos pasivos, como inversiones, alquileres o regalías. Los ingresos pasivos te permiten ganar dinero sin requerir una presencia activa constante.

- **Flexibilidad financiera:** Tener varias fuentes de ingresos te brinda una mayor flexibilidad financiera. Puedes destinar los ingresos de diferentes fuentes a distintos objetivos financieros, como ahorro, inversión o pagar deudas.

- **Oportunidades para el crecimiento:** La diversificación puede llevarte a descubrir oportunidades de ingresos que no habías considerado previamente. Explorar diferentes fuentes de ingresos puede abrirte a nuevas perspectivas y posibilidades.

- **Mayor seguridad en tiempos de incertidumbre:** En momentos de incertidumbre económica, tener múltiples fuentes de ingresos puede proporcionarte una mayor sensación de seguridad y tranquilidad.

- **Mayor independencia financiera:** La diversificación te acerca a la independencia financiera, donde tus fuentes de ingresos te permiten cubrir tus necesidades sin depender únicamente de un empleo tradicional.

- **Aprovechar tus habilidades y talentos:** Diversificar tus fuentes de ingresos te permite aprovechar tus habilidades y talentos en diferentes áreas. Esto puede llevar a una mayor satisfacción y realización personal.

Algunas formas de diversificar tus fuentes de ingresos pueden incluir:

- Empleo a tiempo completo o parcial en diferentes industrias o compañías.

- Emprender un negocio propio que complemente tus ingresos regulares.
- Generar ingresos pasivos a través de inversiones en acciones, bienes raíces o negocios.
- Realizar trabajos independientes o freelance en tu área de especialización.
- Crear contenido digital, como blogs, videos o podcasts, que puedas monetizar.
- Ofrecer tus habilidades y conocimientos en forma de asesorías o consultorías.

En resumen, la diversificación de tus fuentes de ingresos es una estrategia inteligente para reducir el riesgo financiero y crear una base más sólida para alcanzar tus objetivos económicos. Al aprovechar múltiples fuentes de ingresos y generar ingresos de diferentes formas, estarás mejor preparado para enfrentar los desafíos financieros y lograr una mayor estabilidad y prosperidad a lo largo del tiempo.

Capítulo 3

Administración del Dinero y Ahorro
Inteligente

La importancia del control del gasto y la
elaboración de un presupuesto.

El control del gasto y la elaboración de un
presupuesto son dos aspectos fundamentales
para mantener una salud financiera sólida y
alcanzar tus metas económicas. Estas
prácticas son esenciales para gestionar tus
ingresos de manera efectiva y evitar el
endeudamiento excesivo. Aquí te explicaré la
importancia de cada uno de estos aspectos:

Control del gasto:

1. **Evita el endeudamiento innecesario:** Controlar tus gastos te permite vivir dentro de tus posibilidades y evitar acumular deudas innecesarias. Gastar más de lo que ganas puede llevar a un endeudamiento excesivo que afecte negativamente tu calidad de vida y te impida alcanzar tus metas financieras.

2. **Mejora la capacidad de ahorro:** Cuando tienes un control adecuado de tus gastos, puedes liberar recursos para ahorrar e invertir. Ahorrar te proporciona un colchón financiero para hacer frente a emergencias y te ayuda a trabajar hacia tus objetivos a largo plazo, como la compra de una casa o la jubilación.

3. **Reduce el estrés financiero:** Vivir al límite de tus posibilidades o estar constantemente endeudado puede generar un alto nivel de estrés financiero. Controlar tus gastos te

brinda tranquilidad y te permite enfrentar los desafíos económicos de manera más efectiva.

4. **Permite disfrutar más de tus ingresos:** Al tener un control adecuado del gasto, puedes disfrutar más de tus ingresos sin sentirte culpable o preocupado por las deudas. Puedes gastar en cosas que realmente valoras y te aportan felicidad sin comprometer tu estabilidad financiera.

Elaboración de un presupuesto:

1. **Conciencia y planificación:** Un presupuesto te proporciona una visión clara de tus ingresos y gastos, lo que te permite ser consciente de cómo manejas tu dinero. Te ayuda a planificar tus finanzas de manera proactiva en lugar de simplemente reaccionar a las circunstancias.

2. **Control de tus gastos:** Elaborar un presupuesto te permite asignar fondos

específicos para cada categoría de gastos, lo que ayuda a evitar gastos impulsivos y mantener un control más efectivo de tus finanzas.

3. **Priorización de tus objetivos:** Con un presupuesto, puedes priorizar tus objetivos financieros y asignar recursos a aquellas áreas que son más importantes para ti. Esto te ayuda a enfocar tus esfuerzos en lograr tus metas.

4. **Identificación de áreas de mejora:** Al revisar regularmente tu presupuesto, puedes identificar áreas en las que estás gastando en exceso y buscar formas de mejorar tu gestión financiera.

5. **Adaptación a cambios en tu vida:** Un presupuesto te permite adaptarte a cambios en tus ingresos o gastos, como aumentos salariales, nuevos gastos o pérdida de empleo, de manera más fácil y planificada.

En resumen, el control del gasto y la elaboración de un presupuesto son prácticas esenciales para mantener una base financiera sólida y trabajar hacia tus metas económicas. Al tomar el control de tus finanzas y planificar tus gastos, podrás disfrutar de una mayor estabilidad financiera, reducir el estrés asociado con el dinero y tener la tranquilidad de estar en el camino correcto hacia la libertad financiera.

Estrategias para eliminar deudas de manera eficiente y reducir intereses.

Eliminar deudas de manera eficiente y reducir intereses es un objetivo importante para mejorar tu situación financiera y alcanzar la libertad económica. Aquí tienes algunas estrategias efectivas para lograrlo:

- **Crea un presupuesto detallado:** El primer paso para eliminar deudas de manera eficiente es conocer tus gastos y ingresos. Crea un presupuesto detallado que incluya todas tus fuentes de ingresos y todos tus gastos, identificando áreas donde puedas recortar gastos para destinar más dinero al pago de deudas.

- **Prioriza tus deudas**: Identifica todas tus deudas y priorízalas según su tasa de interés. Enfócate en pagar primero las deudas con tasas de interés más altas, ya que son las que te generan más intereses. Paga el monto mínimo en las deudas de tasas más bajas y destina más dinero al pago de la deuda prioritaria.

- **Aplica el método de la bola de nieve**: Este método consiste en pagar primero las deudas más pequeñas, independientemente de su tasa de interés. Una vez que pagas una deuda, el monto que destinabas a ella se suma al pago de la siguiente deuda más pequeña, creando un efecto "bola de nieve" que te ayuda a eliminar deudas de manera más rápida y motivadora.

- **Negocia tasas de interés más bajas**: Contacta a tus acreedores para negociar tasas de interés más bajas, especialmente si tienes un buen historial de pagos. Una tasa de interés reducida te permitirá pagar menos intereses en el tiempo y acelerar el proceso de eliminación de deudas.

- **Consolida tus deudas:** La consolidación de deudas implica combinar varias deudas en una sola, generalmente a través de un préstamo con una tasa de interés más baja. Esto simplifica tus pagos y te permite ahorrar en intereses, siempre y cuando el nuevo préstamo tenga una tasa más favorable.

- **Aumenta tus ingresos:** Busca oportunidades para aumentar tus ingresos, como tomar trabajos adicionales, vender artículos que ya no necesitas o emprender proyectos secundarios. Los ingresos adicionales te permitirán destinar más dinero al pago de deudas.

- **Utiliza bonificaciones y reembolsos:** Destina ingresos inesperados, como bonificaciones o reembolsos de impuestos, al pago de deudas. Estas sumas pueden tener un impacto significativo en la reducción de la deuda y en el ahorro de intereses.

- **Evita nuevas deudas:** Mientras te concentras en eliminar deudas, evita acumular nuevas deudas. Céntrate en vivir dentro de tus posibilidades y utilizar el crédito de manera responsable.

Recuerda que eliminar deudas de manera eficiente requiere paciencia, disciplina y compromiso. Al aplicar estas estrategias de manera consistente, podrás reducir los intereses que pagas y acercarte cada vez más a la libertad financiera. El proceso puede llevar tiempo, pero los resultados valdrán la pena al liberarte de la carga de las deudas y mejorar tu situación económica en el futuro.

Cómo crear un plan de ahorro sistemático y establecer metas financieras a corto y largo plazo.

Crear un plan de ahorro sistemático y establecer metas financieras a corto y largo plazo te permitirá administrar tus recursos de manera efectiva y trabajar hacia la realización de tus sueños financieros. Aquí tienes una guía paso a paso para hacerlo:

- **Evalúa tu situación financiera actual:** Antes de crear un plan de ahorro, es importante conocer tu situación financiera actual. Haz un inventario de tus ingresos, gastos mensuales, deudas y activos. Esto te dará una idea clara de cuánto dinero puedes destinar al ahorro cada mes y cuánto tienes disponible para trabajar en tus metas financieras.

- **Establece metas financieras claras y medibles:** Define tus metas financieras tanto a corto como a largo plazo. Las metas a corto plazo pueden ser alcanzadas en uno o dos años, mientras que las metas a largo plazo pueden tomar más tiempo, como cinco, diez o incluso veinte años. Asegúrate de que tus metas sean específicas, medibles, alcanzables, relevantes y con un límite de tiempo (SMART).

- **Prioriza tus metas:** Si tienes varias metas financieras, priorízalas en función de su importancia y urgencia. Puedes establecer diferentes niveles de prioridad para las metas a corto y largo plazo, lo que te ayudará a enfocar tus esfuerzos y recursos en las áreas más importantes.

- **Determina el monto a ahorrar:** Una vez que hayas establecido tus metas, calcula cuánto dinero necesitas ahorrar para alcanzar cada una de ellas. Divide el monto total en cuotas mensuales o periódicas para determinar cuánto debes ahorrar regularmente.

- **Crea un presupuesto para el ahorro:** Elabora un presupuesto que incluya el monto que destinarás al ahorro cada mes. Asegúrate de ajustar tus gastos y prioridades para hacer espacio para el ahorro sin sacrificar tus necesidades básicas.

- **Automatiza tus ahorros:** Una forma efectiva de garantizar que cumplas con tu plan de ahorro es automatizarlo. Configura transferencias automáticas desde tu cuenta de ingresos a una cuenta de ahorro o inversión designada para tus metas financieras. Esto te permitirá ahorrar de manera sistemática sin la tentación de gastar ese dinero en otras cosas.

- **Revisa y ajusta tu plan regularmente:** Revisa tu plan de ahorro periódicamente y realiza ajustes según sea necesario. Pueden surgir cambios en tu situación financiera o en tus metas, lo que puede requerir una reevaluación y modificación de tu plan.

- **Celebra tus logros:** A medida que alcances tus metas financieras, celebra tus logros y reconoce tus esfuerzos. Esto te mantendrá motivado y te ayudará a mantener el enfoque en tus siguientes metas.

Crear un plan de ahorro sistemático y establecer metas financieras a corto y largo plazo es un proceso que te brinda claridad y dirección en tus finanzas. Al tener un plan bien estructurado, podrás administrar tus recursos de manera efectiva, alcanzar tus objetivos financieros y acercarte cada vez más a la libertad financiera.

La importancia de la inversión inteligente y la gestión de riesgos.

La inversión inteligente y la gestión de riesgos son fundamentales para alcanzar el éxito financiero a largo plazo y proteger tu patrimonio. Aquí te explico la importancia de ambas:

- **Crecimiento del patrimonio:** La inversión inteligente te permite hacer crecer tu patrimonio a través del tiempo. Al invertir tus recursos en activos que generen rendimientos, como acciones, bonos, bienes raíces o negocios, puedes obtener beneficios significativos en comparación con mantener tu dinero en cuentas de ahorro o bajo el colchón.

- **Protección contra la inflación**: La inversión inteligente puede ayudarte a proteger tu dinero contra la inflación. A lo largo del tiempo, los precios de bienes y servicios tienden a aumentar, lo que reduce el poder adquisitivo de tu dinero. Al invertir, tienes la oportunidad de obtener rendimientos que superen la tasa de inflación y, así, mantener el valor de tu patrimonio.

- **Diversificación de riesgos:** La gestión de riesgos es esencial para proteger tus inversiones de posibles pérdidas. Una estrategia clave para gestionar riesgos es diversificar tu cartera de inversiones. Al invertir en una variedad de activos, sectores o regiones, reduces el impacto negativo que una inversión individual o un mercado específico pueda tener en tu patrimonio.

- **Horizonte de inversión a largo plazo:** La inversión inteligente implica tener un horizonte a largo plazo. Aunque los mercados pueden experimentar volatilidad a corto plazo, a lo largo del tiempo, las inversiones bien elegidas tienden a aumentar de valor y generar rendimientos positivos. Tener paciencia y mantener una visión a largo plazo te permite aprovechar el poder del crecimiento compuesto.

- **Manejo de emociones y toma de decisiones informadas:** La gestión de riesgos también implica manejar tus emociones en momentos de incertidumbre o volatilidad en los mercados financieros. Tomar decisiones informadas y basadas en la estrategia a largo plazo en lugar de reaccionar impulsivamente a las noticias o eventos del momento es crucial para evitar errores costosos.

- **Estabilidad financiera y libertad:** La inversión inteligente y la gestión de riesgos son pilares para alcanzar la estabilidad financiera y, en última instancia, la libertad financiera. A medida que tu patrimonio crece de manera segura y sostenible, te sentirás más seguro en tus finanzas y tendrás más opciones para perseguir tus metas y sueños.

- **Planificación para el futuro:** La inversión inteligente y la gestión de riesgos son esenciales para planificar tu futuro y el de tu familia. Pueden ayudarte a alcanzar metas a largo plazo, como la jubilación o la educación de tus hijos, y a dejar un legado financiero para las generaciones futuras.

En resumen, la inversión inteligente y la gestión de riesgos son elementos críticos para alcanzar tus objetivos financieros y garantizar una estabilidad económica a lo largo del tiempo. Al invertir de manera informada y gestionar los riesgos de manera adecuada, puedes maximizar tus oportunidades de crecimiento y proteger tu patrimonio de posibles contratiempos.

Capítulo 4

Potenciar tus Habilidades Financieras

La educación financiera como piedra angular para el éxito económico.

La educación financiera es una piedra angular fundamental para el éxito económico de las personas y familias. Se refiere al conocimiento y las habilidades necesarias para administrar el dinero de manera efectiva, tomar decisiones financieras informadas y planificar el futuro de manera estratégica. Aquí te explico por qué la educación financiera es tan importante:

- **Toma de decisiones informadas:** La educación financiera te brinda el conocimiento necesario para tomar decisiones financieras informadas y acertadas. Te permite comprender conceptos como ahorro, inversión, presupuesto, deuda, impuestos y planificación financiera, lo que te ayuda a elegir las opciones más adecuadas para tus objetivos y circunstancias personales.

- **Control de tus finanzas:** Al entender cómo funcionan tus finanzas, puedes tener un mayor control sobre ellas. La educación financiera te permite crear un presupuesto efectivo, manejar tus gastos, ahorrar e invertir de manera inteligente, y así evitar deudas innecesarias y alcanzar una estabilidad económica.

- **Protección contra estafas y fraudes:** Con una buena educación financiera, eres menos vulnerable a estafas y fraudes financieros. Puedes reconocer señales de advertencia y tomar decisiones seguras en cuanto a inversiones, contratos y productos financieros.

- **Empoderamiento y confianza:** La educación financiera te empodera y te brinda confianza en tus habilidades para tomar decisiones relacionadas con el dinero. Te sientes más seguro sobre tu futuro financiero y tienes una sensación de bienestar al tener el control de tus recursos económicos.

- **Planificación a largo plazo:** La educación financiera te ayuda a planificar a largo plazo y establecer metas financieras realistas. Puedes trabajar hacia la creación de un fondo de emergencia, la compra de una casa, la jubilación anticipada o cualquier otra meta que desees alcanzar.

- **Evitar el endeudamiento excesivo:** La educación financiera te enseña sobre el uso responsable del crédito y cómo evitar el endeudamiento excesivo. Te ayuda a comprender los costos de las deudas y a tomar decisiones conscientes sobre cuándo y cómo endeudarte.

- **Construir riqueza y legado:** Con una sólida educación financiera, puedes construir riqueza de manera sistemática y establecer un legado para tus seres queridos. Puedes tomar decisiones inteligentes de inversión y proteger tus activos para el futuro.

- **Contribuir al bienestar económico general:** Una sociedad con una educación financiera sólida tiende a ser más estable económicamente. Personas financieramente educadas toman decisiones responsables que benefician tanto a nivel personal como a la comunidad en general.

En conclusión, la educación financiera es esencial para tomar el control de tus finanzas y alcanzar el éxito económico. Te proporciona las herramientas necesarias para administrar tus recursos de manera efectiva, planificar a largo plazo, evitar errores financieros y tomar decisiones informadas que te llevarán hacia la libertad financiera y el bienestar económico. La educación financiera es una inversión en ti mismo y en tu futuro, y sus beneficios se extienden a todas las áreas de tu vida.

Cómo mejorar tu inteligencia financiera y tomar decisiones informadas.

Mejorar tu inteligencia financiera implica adquirir conocimientos y habilidades relacionadas con el manejo del dinero y las finanzas, lo que te permitirá tomar decisiones informadas y estratégicas para alcanzar tus objetivos financieros. Aquí tienes algunas formas de mejorar tu inteligencia financiera y tomar decisiones informadas:

- **Educación financiera:** Dedica tiempo a aprender sobre conceptos financieros básicos, como presupuesto, ahorro, inversión, deuda, impuestos, entre otros. Puedes hacerlo a través de libros, cursos en línea, seminarios, blogs financieros o asesoría de expertos.

- **Autoevaluación:** Analiza tu situación financiera actual y comprende tus hábitos de gasto y ahorro. Identifica áreas en las que necesitas mejorar y establece metas financieras claras y alcanzables.

- **Presupuesto:** Crea un presupuesto detallado que incluya tus ingresos y gastos mensuales. Conocer tus flujos de dinero te permitirá asignar recursos adecuadamente y evitar gastos innecesarios.

- **Ahorro sistemático:** Establece un plan de ahorro sistemático y destina una parte de tus ingresos a una cuenta de ahorros o inversión. Automatizar tus ahorros te ayudará a ser más disciplinado y consistente.

- **Diversificación de inversiones:** Aprende sobre diferentes opciones de inversión y diversifica tu cartera para reducir el riesgo. No pongas todos tus huevos en una sola canasta y considera activos como acciones, bonos, bienes raíces o fondos de inversión.

- **Entiende los riesgos:** Evalúa cuidadosamente los riesgos asociados con tus decisiones financieras. No te dejes llevar por promesas de altos rendimientos sin comprender los riesgos involucrados.

- **Investiga antes de comprometerte:** Antes de tomar decisiones importantes, investiga y recopila información relevante. Compara productos financieros, lee reseñas y busca opiniones de expertos antes de realizar una inversión o adquirir una deuda.

- **Consulta a profesionales:** Siempre que te sientas inseguro o necesites asesoramiento específico, no dudes en consultar a profesionales financieros, como asesores, contadores o planificadores financieros.

- **Mantente actualizado:** La educación financiera es un proceso continuo. Mantente informado sobre las tendencias económicas, las regulaciones financieras y las oportunidades de inversión.

- **Toma decisiones basadas en tus metas:** Cuando tomes decisiones financieras, asegúrate de que estén alineadas con tus metas y valores. No te dejes llevar por las tendencias o la presión social. Enfócate en lo que es importante para ti y toma decisiones coherentes con tus objetivos.

Recuerda que mejorar tu inteligencia financiera es un proceso gradual y constante. No temas cometer errores, ya que estos también te brindan aprendizaje. La clave es mantener una mentalidad abierta para aprender y estar dispuesto a ajustar tus estrategias financieras según sea necesario. Con el tiempo, mejorarás tu inteligencia financiera y podrás tomar decisiones más informadas y acertadas para asegurar tu éxito económico a largo plazo.

Aprender a aprovechar oportunidades y evitar trampas financieras comunes.

Aprender a aprovechar oportunidades financieras y evitar trampas comunes es esencial para tomar decisiones financieras sólidas y evitar pérdidas innecesarias. Aquí te doy algunos consejos para lograrlo:

Aprovechar oportunidades financieras:

- **Educación financiera:** Como se mencionó anteriormente, la educación financiera es clave para identificar y aprovechar oportunidades. Aprende sobre diferentes opciones de inversión, instrumentos financieros y conceptos económicos para estar preparado para tomar decisiones informadas.

- **Investigación y análisis:** Antes de comprometerte con una oportunidad financiera, investiga y analiza cuidadosamente sus detalles. Comprende los riesgos, los posibles rendimientos y la estabilidad de la inversión.

- **Diversificación:** No pongas todos tus recursos en una sola oportunidad. Diversificar tu cartera de inversiones te ayudará a reducir el riesgo y a estar preparado para diferentes escenarios económicos.

- **Buscar asesoramiento profesional:** Consulta a asesores financieros o expertos en inversiones cuando te enfrentes a oportunidades complejas o desconocidas. Obtener consejos de profesionales puede proporcionarte una perspectiva valiosa y ayudarte a tomar decisiones más informadas.

- **Estar preparado para actuar:** Las oportunidades financieras a menudo requieren una acción rápida. Mantén tus finanzas en orden y asegúrate de tener fondos disponibles para aprovechar oportunidades cuando se presenten.

Evitar trampas financieras comunes:

- **Estafas y fraudes:** Mantén la guardia alta ante ofertas demasiado buenas para ser verdad y evita caer en estafas financieras. Si algo suena demasiado bueno para ser cierto, es probable que lo sea.

- **Deudas irresponsables:** Evita endeudarte en exceso o tomar préstamos sin un plan claro para pagarlos. La deuda puede ser una trampa financiera si no se administra adecuadamente.

- **Inversiones sin investigación:** No te dejes llevar por el entusiasmo de las inversiones sin investigar adecuadamente. Asegúrate de comprender completamente los riesgos y beneficios de cualquier inversión antes de comprometerte.

- **Compras impulsivas:** Controla tus gastos y evita compras impulsivas. Establece un presupuesto y asegúrate de que tus compras estén alineadas con tus metas financieras.

- **Falta de diversificación:** No pongas todos tus recursos en una sola inversión o activo. La falta de diversificación puede exponerte a mayores riesgos y pérdidas significativas en caso de problemas con esa inversión específica.

- **Decisiones emocionales:** No tomes decisiones financieras impulsivas o basadas en emociones. La toma de decisiones financiera debe basarse en la lógica, el análisis y tus objetivos a largo plazo.

- **Falta de ahorro de emergencia:** Tener un fondo de emergencia es esencial para evitar caer en deudas en caso de imprevistos. Ahorra una cantidad adecuada para cubrir al menos tres a seis meses de gastos en caso de emergencia.

En resumen, aprender a aprovechar oportunidades financieras y evitar trampas comunes requiere educación financiera, investigación, disciplina y un enfoque basado en metas. Mantén una mentalidad crítica y consciente en tus decisiones financieras, y asegúrate de estar preparado para aprovechar las oportunidades que se presenten mientras evitas caer en trampas financieras que puedan afectar tu bienestar económico a largo plazo.

Capítulo 5

Romper Barreras Mentales y Superar Obstáculos

Identificar y abordar creencias limitantes sobre el dinero y el éxito.

Identificar y abordar creencias limitantes sobre el dinero y el éxito es un paso crucial para mejorar tu relación con las finanzas y alcanzar tus metas económicas. Estas creencias pueden ser ideas arraigadas en tu mente que te impiden tomar decisiones financieras positivas o alcanzar todo tu potencial. Aquí hay algunas estrategias para identificar y abordar estas creencias limitantes:

- **Auto-conciencia:** El primer paso para abordar creencias limitantes es ser consciente de ellas. Reflexiona sobre tus pensamientos y emociones relacionados con el dinero y el éxito. Pregúntate si tienes miedos o inseguridades sobre el dinero, si te sientes merecedor del éxito o si crees que el dinero es malo o difícil de conseguir.

- **Cuestiona tus creencias:** Una vez que identifiques creencias limitantes, cuestiona su validez. Pregúntate si estas creencias se basan en hechos reales o en percepciones erróneas. Examina si estas creencias te están ayudando o limitando en tu camino hacia el éxito financiero.

- **Reemplaza creencias negativas con afirmaciones positivas:** Desarrolla afirmaciones positivas y realistas sobre el dinero y el éxito. Por ejemplo, en lugar de creer que "el dinero es malo", puedes adoptar la afirmación de que "el dinero es una herramienta que me permite alcanzar mis metas y ayudar a otros".

- **Cambia tu mentalidad hacia el crecimiento:** Adopta una mentalidad de crecimiento en lugar de una mentalidad fija. Reconoce que puedes aprender y mejorar en temas financieros y que el éxito es el resultado del esfuerzo y la dedicación, no una cualidad innata.

- **Analiza tus experiencias pasadas:** Reflexiona sobre tus experiencias con el dinero y el éxito en el pasado. Identifica patrones o creencias arraigadas que puedan haber sido moldeadas por estas experiencias. Aprende de las lecciones pasadas y úsalas como una oportunidad para crecer.

- **Busca modelos a seguir:** Encuentra personas que hayan alcanzado el éxito financiero de manera ética y alineada con tus valores. Utiliza sus historias y experiencias como inspiración y guía para abordar tus creencias limitantes.

- **Busca apoyo y educación financiera:** Aprender sobre finanzas y cómo manejar el dinero puede ayudarte a sentirte más seguro y empoderado. Busca apoyo de libros, cursos, asesores financieros o personas que tengan experiencia en el área.

- **Visualiza el éxito financiero:** Imagina cómo te sentirías y cómo sería tu vida si lograras tus metas financieras. La visualización positiva puede ayudarte a reforzar creencias positivas y a mantenerte enfocado en tus objetivos.

Recuerda que abordar creencias limitantes es un proceso continuo y requiere paciencia y autocompasión. No te desanimes si encuentras obstáculos en el camino. A medida que trabajas para cambiar tus creencias y pensamientos sobre el dinero y el éxito, estarás creando una base más sólida para alcanzar tus metas financieras y vivir una vida más plena y próspera.

Cómo manejar el miedo y la incertidumbre en tu camino hacia la libertad financiera.

El miedo y la incertidumbre son emociones naturales que pueden surgir en tu camino hacia la libertad financiera. Pueden estar relacionados con riesgos financieros, decisiones importantes o cambios en tus circunstancias económicas. Manejar estas emociones de manera efectiva es crucial para mantener la calma y tomar decisiones financieras informadas. Aquí tienes algunas estrategias para hacer frente al miedo y la incertidumbre:

- **Educación financiera:** La educación es una herramienta poderosa para reducir el miedo y la incertidumbre. Aprende sobre inversiones, planificación financiera, gestión de riesgos y cómo enfrentar situaciones económicas difíciles. Cuanto más informado estés, más confianza tendrás para tomar decisiones.

- **Establece un fondo de emergencia:** Tener un fondo de emergencia sólido te dará seguridad y tranquilidad en momentos de incertidumbre financiera. Asegúrate de tener suficientes ahorros para cubrir gastos importantes durante varios meses en caso de emergencia.

- **Enfócate en lo que puedes controlar:** Acepta que hay aspectos económicos que están fuera de tu control. En lugar de preocuparte por lo desconocido, concéntrate en lo que sí puedes influenciar, como tus hábitos de gasto, ahorro e inversión.

- **Establece metas financieras claras:** Tener metas financieras claras te ayudará a mantenerte enfocado y a superar el miedo y la incertidumbre. Visualiza tus objetivos y trabaja hacia ellos paso a paso.

- **Diversifica tus inversiones:** La diversificación de tu cartera de inversiones puede ayudar a reducir el riesgo y la volatilidad en tiempos de incertidumbre en los mercados financieros.

- **Mantén una mentalidad de crecimiento:** Adopta una mentalidad de crecimiento en lugar de una mentalidad fija. Reconoce que las dificultades pueden ser oportunidades para aprender y mejorar.

- **Habla con un asesor financiero:** Consultar a un asesor financiero puede brindarte una perspectiva objetiva y profesional para abordar tus preocupaciones financieras.

- **Practica el autocontrol emocional:** Aprende a reconocer y manejar tus emociones frente a situaciones financieras desafiantes. Evita tomar decisiones impulsivas basadas en el miedo.

- **Rodéate de apoyo:** Comparte tus preocupaciones con personas de confianza, como familiares, amigos o grupos de apoyo financiero. A veces, hablar sobre tus inquietudes puede ayudarte a procesarlas y obtener perspectivas externas.

● **Acepta el riesgo como parte del proceso:** La libertad financiera implica asumir ciertos riesgos. Aprende a aceptar que algunos niveles de incertidumbre son inevitables en el camino hacia tus metas financieras.

Recuerda que enfrentar el miedo y la incertidumbre es un desafío común en la búsqueda de la libertad financiera. Aprende a reconocer estas emociones, abordarlas de manera constructiva y buscar soluciones prácticas para superar los desafíos financieros que puedan surgir. Con una combinación de educación financiera, autocontrol emocional y enfoque en tus metas, estarás mejor preparado para manejar los altibajos del camino hacia la libertad financiera.

La importancia de la perseverancia y la adaptabilidad ante los desafíos.

La perseverancia y la adaptabilidad son dos cualidades fundamentales para enfrentar los desafíos que surgen en el camino hacia la libertad financiera y el éxito en general. Estas cualidades te permiten superar obstáculos, aprender de las experiencias y seguir avanzando hacia tus metas financieras. Aquí te explico la importancia de ambas:

- **Resiliencia ante la adversidad**: Los desafíos financieros pueden surgir en cualquier momento, desde pérdidas en inversiones hasta cambios inesperados en tus ingresos o gastos. La perseverancia te ayuda a enfrentar estos desafíos con determinación y resiliencia, sin desanimarte ante las dificultades. En lugar de darte por vencido, encuentras formas de adaptarte y seguir adelante.

- **Aprendizaje y mejora continua**: La perseverancia te impulsa a aprender de tus errores y experiencias. En el camino hacia la libertad financiera, es posible que encuentres obstáculos o que tus estrategias iniciales no funcionen como esperabas. La perseverancia te permite ver estas situaciones como oportunidades de aprendizaje y mejorar tus enfoques.

- **Flexibilidad para adaptarte al cambio:** La adaptabilidad te permite ajustar tus planes y estrategias cuando las circunstancias cambian. En el mundo financiero, las condiciones económicas pueden fluctuar, y las oportunidades pueden surgir o desaparecer. Ser adaptable te permite aprovechar las oportunidades que se presentan y responder de manera efectiva a los cambios en tu entorno financiero.

- **Apertura a nuevas ideas y enfoques:** La adaptabilidad te ayuda a mantener una mente abierta y considerar diferentes opciones. Esto te permite explorar nuevas oportunidades de inversión, fuentes de ingresos o estrategias financieras que podrían ser más adecuadas para tus objetivos.

- **Persistencia para alcanzar metas a largo plazo:** La libertad financiera es una meta a largo plazo que requiere tiempo y esfuerzo. La perseverancia te ayuda a mantenerte enfocado y a seguir trabajando hacia tus objetivos incluso cuando los resultados no son inmediatos. Con persistencia, te mantienes comprometido con tu visión financiera a pesar de los desafíos que puedas enfrentar en el camino.

- **Reducción del estrés y la ansiedad:** La habilidad para adaptarte a situaciones cambiantes y ser perseverante en tus esfuerzos puede reducir el estrés y la ansiedad asociados con los desafíos financieros. Al saber que eres capaz de enfrentar y superar obstáculos, te sientes más seguro y confiado en tus decisiones financieras.

En resumen, la perseverancia y la adaptabilidad son cualidades clave para navegar con éxito en el mundo financiero y en la búsqueda de la libertad financiera. Estas cualidades te permiten aprender de las experiencias, ajustar tus enfoques cuando sea necesario y mantenerte enfocado en tus metas a largo plazo. Al cultivar la perseverancia y la adaptabilidad, estarás mejor preparado para enfrentar los desafíos financieros y alcanzar la libertad económica que tanto deseas.

Capítulo 6

Cómo Aprovechar el Poder del Networking

La red de contactos como una herramienta valiosa para el crecimiento financiero.

La red de contactos, también conocida como networking, es una herramienta extremadamente valiosa para el crecimiento financiero y el éxito en el mundo empresarial y financiero. Una red sólida te brinda oportunidades para aprender, colaborar, obtener apoyo y acceder a recursos que pueden impulsar tu camino hacia la libertad financiera. Aquí te explico cómo la red de contactos puede ser beneficiosa para tu crecimiento financiero:

- **Acceso a oportunidades profesionales:** A través de tu red de contactos, puedes acceder a oportunidades laborales, proyectos o negocios que de otra manera no conocerías. Las personas en tu red pueden recomendarte para puestos de trabajo, asociaciones comerciales o proyectos de inversión.

- **Aprendizaje y conocimiento compartido:** La red de contactos te brinda la posibilidad de aprender de personas con diferentes habilidades, experiencias y conocimientos. Puedes obtener consejos financieros, ideas de inversión y estrategias de éxito de aquellos que ya han alcanzado la libertad financiera o que están en camino de hacerlo.

- **Apoyo y motivación:** Tener una red de contactos sólida puede brindarte apoyo emocional y motivación en momentos de desafío. Compartir experiencias y objetivos similares con otros individuos que persiguen la libertad financiera puede ser inspirador y alentador.

- **Alianzas comerciales y colaboraciones:** La red de contactos te permite establecer alianzas comerciales y colaboraciones estratégicas. Esto puede abrir puertas para emprender negocios conjuntos o para acceder a nuevos mercados y clientes.

- **Acceso a mentores y asesores:** A través de tu red de contactos, puedes encontrar mentores y asesores que pueden brindarte orientación y consejos valiosos. Estas personas pueden compartir sus experiencias y conocimientos para ayudarte a evitar errores comunes y acelerar tu progreso financiero.

- **Ampliación de tu círculo de influencia:** Con una red de contactos sólida, aumentas tu círculo de influencia en el mundo financiero. Esto te permite estar al tanto de las últimas tendencias, oportunidades de inversión y cambios en el mercado.

- **Crecimiento profesional y personal**: La red de contactos puede proporcionarte oportunidades para mejorar tus habilidades de comunicación, liderazgo y negociación, lo que puede contribuir a tu crecimiento profesional y personal.

- **Acceso a recursos financieros**: Una red de contactos bien establecida puede conectar a personas con capital con aquellos que buscan financiamiento para proyectos o inversiones. Esto puede ser crucial para impulsar oportunidades de negocio o adquirir activos que te acerquen a la libertad financiera.

En resumen, la red de contactos es una herramienta valiosa que puede abrir puertas y brindarte oportunidades que de otra manera serían difíciles de alcanzar. Cultivar y mantener una red de contactos efectiva te permite acceder a conocimientos, recursos y oportunidades que pueden acelerar tu crecimiento financiero y acercarte cada vez más a tus metas económicas.

Cómo establecer relaciones profesionales significativas y beneficiosas.

Establecer relaciones profesionales significativas y beneficiosas es una habilidad esencial para el crecimiento y el éxito en el mundo empresarial y financiero. Aquí tienes algunos consejos para crear relaciones profesionales duraderas y beneficiosas:

- **Cultiva una actitud positiva y genuina:** Sé auténtico y muestra interés genuino en las personas con las que te relacionas. Una actitud positiva y amable ayuda a crear conexiones más sólidas y atractivas.

- **Escucha activamente:** Presta atención a lo que dicen los demás y muestra interés en sus ideas y perspectivas. La escucha activa demuestra respeto y te permite entender mejor las necesidades y objetivos de los demás.

- **Ofrece valor y ayuda desinteresadamente:** Busca maneras de ayudar a tus contactos profesionales sin esperar nada a cambio. Ofrecer valor aportando conocimientos, recursos o asistencia crea una base sólida para una relación beneficiosa.

- **Participa en eventos y grupos profesionales:** Asiste a conferencias, seminarios, ferias comerciales y otros eventos relacionados con tu industria. Participar en grupos profesionales también es una excelente manera de conocer personas con intereses y objetivos similares.

- **Mantén una comunicación constante:** Mantén el contacto con tus relaciones profesionales de manera periódica. Puedes enviar correos electrónicos, hacer llamadas telefónicas o incluso organizar reuniones para mantener el contacto y fortalecer la relación.

- **Sé confiable y cumple tus compromisos:** La confiabilidad es fundamental para construir relaciones profesionales significativas. Cumple tus promesas y mantén tus compromisos, ya que esto genera confianza y credibilidad.

- **Aprende a colaborar:** Busca oportunidades para colaborar en proyectos o iniciativas con tus contactos profesionales. La colaboración puede generar resultados mutuamente beneficiosos y fortalecer la relación.

- **Conecta en las redes sociales profesionales:** Utiliza plataformas como LinkedIn para conectarte con profesionales de tu industria. Comparte contenido relevante y participa en discusiones para mantener una presencia en línea activa y profesional.

- **Agradece y reconoce:** Expresa gratitud y reconoce los logros y esfuerzos de tus relaciones profesionales. Un simple agradecimiento o reconocimiento puede fortalecer los lazos y generar un ambiente de aprecio mutuo.

- **Sé paciente y perseverante:** Construir relaciones profesionales significativas toma tiempo y esfuerzo. Sé paciente y persevera en el proceso, ya que las relaciones genuinas y beneficiosas no se establecen de la noche a la mañana.

En resumen, establecer relaciones profesionales significativas y beneficiosas requiere autenticidad, respeto y esfuerzo constante. Al cultivar conexiones genuinas, ofrecer valor y mantener una comunicación constante, estarás en camino de construir relaciones sólidas que puedan abrir puertas, generar oportunidades y enriquecer tu carrera y crecimiento financiero. Recuerda que las relaciones profesionales son una inversión valiosa que puede dar frutos a lo largo del tiempo.

La colaboración y el trabajo en equipo como aceleradores de la libertad financiera.

La colaboración y el trabajo en equipo son aceleradores poderosos para alcanzar la libertad financiera. Cuando te unes con otros individuos para trabajar hacia objetivos financieros comunes, puedes aprovechar sinergias, compartir conocimientos y recursos, y aumentar tus posibilidades de éxito. Aquí te explico cómo la colaboración y el trabajo en equipo pueden impulsar tu camino hacia la libertad financiera:

- **Compartir conocimientos y habilidades:** En un equipo colaborativo, cada miembro aporta sus conocimientos y habilidades únicas. Esto permite un intercambio de ideas y experiencias que enriquece la toma de decisiones y la planificación financiera.

- **Dividir tareas y responsabilidades:** Trabajar en equipo te permite dividir las tareas y responsabilidades financieras de manera más eficiente. Cada miembro puede enfocarse en su área de especialización, lo que aumenta la productividad y permite una gestión más efectiva de los recursos.

- **Acceso a recursos y oportunidades:** Un equipo colaborativo tiene acceso a una amplia gama de recursos, como capital, contactos, tecnología y conocimientos. Estos recursos pueden ser cruciales para emprender proyectos o inversiones que aceleren tu camino hacia la libertad financiera.

- **Apoyo emocional y motivación:** Trabajar en equipo brinda apoyo emocional y motivación durante los momentos difíciles. Los logros compartidos y el apoyo mutuo pueden ayudarte a superar obstáculos y mantener el enfoque en tus metas financieras.

- **Ampliar tu red de contactos:** Colaborar con otros te permite ampliar tu red de contactos y conectarte con personas influyentes en tu industria o área financiera. Estas nuevas conexiones pueden abrir puertas a oportunidades financieras y profesionales.

- **Reducción de riesgos:** Al compartir riesgos financieros con otros miembros del equipo, puedes reducir la presión financiera individual y estar mejor preparado para afrontar posibles pérdidas o contratiempos.

- **Aprovechar sinergias:** El trabajo en equipo fomenta la creatividad y la colaboración, lo que puede dar lugar a ideas innovadoras y enfoques más eficientes para alcanzar tus objetivos financieros.

- **Aprendizaje continuo:** Colaborar con otros te brinda la oportunidad de aprender de sus experiencias y conocimientos. Esto te permite expandir tus horizontes financieros y mejorar tus habilidades en el manejo del dinero y las inversiones.

- **Apertura a nuevas oportunidades:** Trabajar en equipo puede llevarte a considerar oportunidades que de otra manera no habrías explorado. La diversidad de perspectivas y opiniones puede abrirte a nuevas ideas y enfoques para lograr la libertad financiera.

- **Celebrar el éxito juntos:** Alcanzar metas financieras junto con un equipo te brinda una sensación de logro compartido. Celebrar el éxito juntos refuerza la cohesión del equipo y fomenta un ambiente de colaboración y confianza.

En conclusión, la colaboración y el trabajo en equipo son aceleradores poderosos para alcanzar la libertad financiera. Al unirte con otros individuos que comparten tus metas y valores financieros, puedes aprovechar sinergias, compartir recursos, aprender de otros y superar desafíos financieros de manera más efectiva. La colaboración no solo te brinda un impulso en tu camino hacia la libertad financiera, sino que también enriquece la experiencia y te permite construir relaciones sólidas y significativas en el mundo financiero.

Capítulo 7

Mantener el Enfoque y la Disciplina

Cómo mantener la motivación a lo largo del tiempo.

Mantener la motivación a lo largo del tiempo puede ser un desafío, especialmente cuando estás persiguiendo objetivos financieros a largo plazo, como la libertad financiera. Sin embargo, existen estrategias efectivas que pueden ayudarte a mantener la motivación y el enfoque en el camino hacia tus metas financieras:

- **Establece metas claras y realistas:** Define metas financieras claras y alcanzables. Divide tus objetivos a largo plazo en metas más pequeñas y medibles. Celebrar tus logros a medida que avanzas hacia tus metas puede mantener la motivación en el camino.

- **Visualiza el éxito:** Imagina cómo será tu vida una vez que alcances la libertad financiera. Visualizar el éxito te ayuda a mantener la motivación y te brinda una razón poderosa para perseverar en momentos de dificultades.

- **Encuentra tu propósito:** Conecta tus objetivos financieros con tus valores personales y tus aspiraciones más profundas. Tener un propósito claro te motiva a mantener el esfuerzo incluso cuando enfrentas obstáculos.

- **Celebra los progresos:** Reconoce y celebra tus avances, por pequeños que sean. Reconocer tus logros te proporciona una sensación de logro y te impulsa a seguir avanzando.

- **Aprende de tus errores**: En lugar de desanimarte por los errores o fracasos, úsalos como oportunidades de aprendizaje. Identifica las lecciones que puedas extraer y utilízalas para mejorar tus estrategias futuras.

- **Rodéate de personas motivadas**: Mantén una red de apoyo de personas que compartan tus objetivos y te motiven a seguir adelante. El apoyo emocional de amigos, familiares o colegas puede ser un impulso poderoso para mantenerte motivado.

- **Practica el autodisciplina**: Cultiva la autodisciplina y establece hábitos que te ayuden a mantener el enfoque en tus objetivos financieros. Esto puede incluir la gestión del tiempo, la planificación financiera y evitar distracciones innecesarias.

- **Aprende y crece constantemente:** Mantén una mentalidad de crecimiento y busca constantemente oportunidades para aprender y mejorar. La adquisición de nuevos conocimientos y habilidades puede mantenerte entusiasmado y motivado en el camino hacia tus metas financieras.

- **Recuerda tu "por qué":** Mantén en mente las razones por las que te embarcaste en este camino hacia la libertad financiera. Recordar tu "por qué" te ayudará a superar momentos de desánimo y te recordará la importancia de seguir adelante.

- **Permítete descansar y recargar energías:** El agotamiento y el estrés pueden afectar la motivación. Permítete descansar y recargar energías cuando sea necesario. A veces, un breve descanso puede renovar tu enfoque y determinación.

Recuerda que la motivación puede fluctuar, y eso es normal. Es importante ser compasivo contigo mismo y recordar que es un viaje, no un destino final. A medida que aplicas estas estrategias y mantienes una mentalidad positiva, estarás mejor equipado para mantener la motivación a lo largo del tiempo y alcanzar tus metas financieras con éxito.

Crear hábitos financieros saludables que te impulsen hacia tus objetivos.

Crear hábitos financieros saludables es fundamental para impulsarte hacia tus objetivos y lograr la libertad financiera. Los hábitos consistentes te ayudarán a mantener un enfoque disciplinado en tus finanzas y a construir una base sólida para alcanzar tus metas financieras a largo plazo. Aquí tienes algunos hábitos financieros clave que puedes implementar:

- **Presupuesto:** Crea un presupuesto que refleje tus ingresos, gastos y objetivos financieros. Seguir un presupuesto te permite controlar tus gastos, ahorrar e invertir de manera más eficiente y evitar gastos innecesarios.

- **Ahorro sistemático:** Establece un hábito de ahorro sistemático, donde destines un porcentaje fijo de tus ingresos a una cuenta de ahorro o inversión. Automatizar este proceso te ayuda a mantener la disciplina financiera y a construir un fondo de emergencia o un colchón financiero.

- **Reducción de deudas:** Establece un plan para reducir tus deudas de manera constante y disciplinada. Prioriza pagar deudas con tasas de interés altas y evita acumular nuevas deudas innecesarias.

- **Educación financiera:** Dedica tiempo a aprender sobre finanzas personales, inversiones y estrategias para mejorar tus habilidades financieras. La educación financiera te brinda la confianza y los conocimientos necesarios para tomar decisiones informadas.

- **Análisis de gastos:** Revisa regularmente tus gastos y busca áreas en las que puedas reducir o eliminar gastos superfluos. Mantener el control de tus gastos te permite tomar decisiones financieras más inteligentes.

- **Inversión:** Crea el hábito de invertir regularmente. Ya sea en acciones, bonos, bienes raíces o fondos de inversión, invertir te permite hacer crecer tu dinero y aumentar tus ingresos pasivos.

- **Reevaluación periódica:** Realiza revisiones periódicas de tus metas financieras y avances. Ajusta tu plan financiero según sea necesario para asegurarte de que estás en el camino correcto hacia tus objetivos.

- **Evitar compras impulsivas:** Practica el autocontrol y evita compras impulsivas.

Reflexiona antes de realizar compras grandes y pregúntate si realmente necesitas el artículo o si es una compra basada en emociones momentáneas.

- **Establecer metas financieras claras:** Define metas financieras específicas, medibles, alcanzables, relevantes y con un plazo determinado (objetivos SMART). Tener metas claras te dará dirección y motivación para trabajar hacia ellas.

- **Celebrar los logros:** Celebra tus logros financieros, por pequeños que sean. Reconocer tus avances te motiva a seguir adelante y te da una sensación de logro y satisfacción.

Recuerda que crear hábitos financieros saludables requiere tiempo y disciplina. Es posible que al principio te encuentres con desafíos, pero perseverar y mantener la consistencia te llevará a desarrollar hábitos financieros sólidos que te impulsen hacia tus objetivos y te acerquen cada vez más a la libertad financiera que deseas alcanzar.

Superar posibles desviaciones y distracciones que puedan alejarte de tu visión.

Superar posibles desviaciones y distracciones que puedan alejarte de tu visión financiera es crucial para mantener el enfoque y alcanzar tus metas económicas. A lo largo del camino hacia la libertad financiera, es posible que enfrentes obstáculos y tentaciones que pueden desviarte de tu camino. Aquí hay algunas estrategias para superar estas desviaciones y distracciones:

- **Reafirma tu visión:** Mantén tu visión financiera clara y presente en tu mente. Recordar constantemente tus objetivos te ayuda a mantener la motivación y a resistir las distracciones que puedan surgir.

- **Establece prioridades:** Prioriza tus metas financieras y enfoque tu tiempo y energía en las acciones que te acercan más a ellas. Aprende a decir "no" a las distracciones que no estén alineadas con tus objetivos.

- **Crea un plan sólido:** Desarrolla un plan financiero detallado y realista para alcanzar tu visión. Tener un plan claro te proporciona una guía para mantenerte enfocado y evitar desviaciones.

- **Establece hitos y recompensas:** Divide tu camino hacia la libertad financiera en hitos más pequeños y celebra tus logros. Establecer recompensas para ti mismo cuando alcanzas estos hitos puede mantenerte motivado y enfocado en la visión a largo plazo.

- **Reconoce y evita las distracciones comunes:** Identifica las distracciones y tentaciones que tienden a alejarte de tus objetivos financieros. Esto puede incluir compras impulsivas, inversiones riesgosas o gastos innecesarios. Sé consciente de estas distracciones y toma medidas para evitarlas.

- **Rodéate de personas con objetivos similares:** Mantén relaciones con personas que compartan tus metas financieras o que te brinden apoyo y aliento para mantenerte enfocado. La influencia positiva de tu entorno puede ayudarte a superar posibles desviaciones.

- **Practica el autocontrol:** Cultiva la disciplina para resistir las tentaciones y mantener el enfoque en tus metas financieras. Aprende a diferenciar entre deseos momentáneos y objetivos a largo plazo.

- **Aprende de los errores:** Si te desvías de tu camino, en lugar de sentirte derrotado, utiliza cualquier error como una oportunidad de aprendizaje. Identifica las causas de la desviación y ajusta tu plan para evitar errores similares en el futuro.

- **Mantén la flexibilidad:** Si bien es importante mantener el enfoque en tu visión, también es necesario ser flexible y adaptarse a los cambios en el camino. La vida puede ser impredecible, y es posible que necesites ajustar tu plan en función de nuevas circunstancias.

- **Visualiza el éxito:** Imagina el resultado positivo de alcanzar tu visión financiera. Visualizarte a ti mismo logrando la libertad financiera puede aumentar tu determinación y ayudarte a superar cualquier desviación o distracción.

Recuerda que mantener el enfoque en tu visión financiera es un proceso continuo que requiere paciencia y perseverancia. A medida que enfrentas desafíos y tentaciones, el compromiso con tus objetivos y la determinación para superar las desviaciones te llevarán cada vez más cerca de la libertad financiera que deseas alcanzar.

Capítulo 8

El Papel de la Mentalidad y el Bienestar

Cómo una mentalidad positiva y enfocada puede influir en tus resultados financieros.

Una mentalidad positiva y enfocada puede tener un impacto significativo en tus resultados financieros. La forma en que piensas y percibes tus circunstancias financieras puede afectar tus decisiones, comportamientos y actitudes hacia el dinero y las inversiones. Aquí te explico cómo una mentalidad positiva y enfocada puede influir en tus resultados financieros:

- **Mayor confianza en ti mismo:** Una mentalidad positiva te brinda mayor confianza en tus habilidades para manejar el dinero y tomar decisiones financieras acertadas. La confianza en ti mismo te permite tomar acciones más asertivas y aprovechar oportunidades financieras.

- **Resiliencia frente a los desafíos:** Una mentalidad positiva te ayuda a enfrentar los desafíos financieros con resiliencia y determinación. En lugar de sentirte desalentado por los obstáculos, ves las dificultades como oportunidades para aprender y mejorar.

- **Enfoque en soluciones:** Una mentalidad positiva te permite enfocarte en buscar soluciones en lugar de centrarte en los problemas. Buscar soluciones te permite superar obstáculos y avanzar hacia tus metas financieras.

- **Mejora la toma de decisiones**: Una mentalidad positiva puede mejorar la claridad mental y reducir el sesgo emocional al tomar decisiones financieras. Esto te permite tomar decisiones más racionales y bien fundamentadas.

- **Atraer oportunidades financieras**: Una mentalidad positiva tiende a atraer oportunidades financieras. Las personas que irradian una actitud positiva suelen ser más atractivas para colaboraciones, inversiones y asociaciones comerciales exitosas.

- **Fomenta el ahorro y la inversión**: Una mentalidad positiva te motiva a ver el ahorro y la inversión como acciones constructivas hacia tus metas financieras, en lugar de verlos como sacrificios. Esto te ayuda a crear hábitos financieros más saludables.

- **Abre la mente a nuevas posibilidades:** Una mentalidad positiva y enfocada te permite estar más abierto a considerar oportunidades y enfoques financieros que tal vez no habías contemplado anteriormente. Esto puede llevarte a descubrir nuevas formas de generar ingresos o inversiones rentables.

- **Aumenta la perseverancia:** Una mentalidad positiva te ayuda a mantenerte perseverante a lo largo del tiempo, incluso en momentos de desafío. La perseverancia es clave para alcanzar metas financieras a largo plazo, como la libertad financiera.

- **Reducción del estrés financiero:** Mantener una mentalidad positiva puede reducir el estrés relacionado con las finanzas. Una actitud positiva te permite enfrentar las preocupaciones financieras con calma y buscar soluciones de manera más efectiva.

- **Inspiración para otros:** Una mentalidad positiva y enfocada puede inspirar a otras personas a seguir tu ejemplo y a adoptar hábitos financieros más saludables. Tu actitud positiva puede tener un efecto positivo en tu entorno y motivar a otros a mejorar sus resultados financieros.

En resumen, una mentalidad positiva y enfocada puede ser un factor determinante en tus resultados financieros. Al adoptar una actitud positiva hacia el dinero, las inversiones y tus metas financieras, estarás mejor preparado para tomar decisiones informadas, enfrentar desafíos con resiliencia y mantener el enfoque en el camino hacia la libertad financiera y el éxito económico.

La importancia del equilibrio entre trabajo y vida personal para alcanzar la libertad financiera.

El equilibrio entre el trabajo y la vida personal es esencial para alcanzar la libertad financiera y disfrutar de una vida plena y satisfactoria. La búsqueda de la libertad financiera a menudo puede implicar un esfuerzo considerable y un enfoque intenso en objetivos financieros. Sin embargo, es importante recordar que la libertad financiera no es el único aspecto importante de la vida y que el equilibrio entre el trabajo y la vida personal puede ser fundamental por varias razones:

- **Salud y bienestar:** Un equilibrio adecuado entre el trabajo y la vida personal te permite dedicar tiempo y energía a cuidar de tu salud física y mental. Un estado de bienestar óptimo es esencial para tener un rendimiento óptimo en tus tareas financieras y profesionales.

- **Relaciones personales:** El equilibrio te permite mantener relaciones personales significativas con amigos, familiares y seres queridos. Estas relaciones proporcionan apoyo emocional y satisfacción personal, lo que contribuye a una vida enriquecedora más allá de los logros financieros.

- **Descanso y recarga:** Un equilibrio adecuado te permite descansar y recargar energías. El agotamiento puede afectar negativamente la productividad y la toma de decisiones financieras, por lo que es importante permitirse tiempo para descansar y rejuvenecer.

- **Fomento de la creatividad:** Un equilibrio entre el trabajo y la vida personal puede fomentar la creatividad y la innovación. El tiempo libre y el descanso pueden abrir espacio para nuevas ideas y enfoques en la búsqueda de oportunidades financieras.

- **Prevención del agotamiento:** Perseguir la libertad financiera puede ser un viaje exigente y prolongado. Un equilibrio adecuado ayuda a prevenir el agotamiento y la falta de motivación que pueden surgir cuando se trabaja en exceso.

• **Mejora del rendimiento laboral:** Un equilibrio entre el trabajo y la vida personal puede mejorar el rendimiento en el trabajo. Estar equilibrado emocionalmente y sentirse satisfecho en la vida personal puede reflejarse en un mejor desempeño en el ámbito laboral.

• **Enfoque en la calidad de vida:** La libertad financiera es una búsqueda de mejorar la calidad de vida. Un equilibrio entre el trabajo y la vida personal te permite disfrutar de los beneficios financieros de manera más plena y significativa.

• **Gestión del estrés:** El equilibrio adecuado ayuda a manejar el estrés asociado con la búsqueda de la libertad financiera y los desafíos financieros que puedan surgir.

- **Diversificación de la felicidad:** La felicidad y la satisfacción no deben depender únicamente del éxito financiero. Un equilibrio adecuado permite disfrutar de múltiples fuentes de felicidad, incluyendo relaciones personales, hobbies y actividades que aporten bienestar y plenitud.

En resumen, el equilibrio entre el trabajo y la vida personal es fundamental para alcanzar la libertad financiera de manera sostenible y satisfactoria. Al mantener un equilibrio adecuado, puedes disfrutar de los beneficios financieros y, al mismo tiempo, vivir una vida plena, saludable y enriquecedora. El equilibrio te permite abordar tus objetivos financieros con una perspectiva más equilibrada y enriquecedora, asegurándote de disfrutar del viaje hacia la libertad financiera en lugar de sacrificar otros aspectos importantes de la vida en el camino.

El autocuidado y la gestión del estrés en tu camino hacia el éxito.

El autocuidado y la gestión del estrés son aspectos fundamentales para mantener la salud física y mental en tu camino hacia el éxito, incluyendo la búsqueda de la libertad financiera. Lograr el éxito financiero puede implicar desafíos y presiones que pueden afectar tu bienestar, por lo que es esencial priorizar el autocuidado y la gestión del estrés para mantener un equilibrio saludable. Aquí tienes algunas estrategias para incorporar el autocuidado y la gestión del estrés en tu vida:

- **Establece límites:** Aprende a establecer límites claros entre el trabajo y el tiempo personal. Reserva tiempo para el descanso, el ocio y las actividades que te proporcionen satisfacción y bienestar.

- **Practica la autoconciencia:** Presta atención a tus emociones y reacciones frente al estrés. La autoconciencia te permite identificar los desencadenantes del estrés y tomar medidas para abordarlos de manera adecuada.

- **Incorpora la meditación y la relajación:** Practicar la meditación y la relajación puede ayudarte a reducir el estrés y mejorar la claridad mental. Dedica unos minutos al día para meditar o realizar ejercicios de respiración profunda.

- **Mantén una dieta saludable:** La alimentación adecuada es fundamental para mantener la energía y la concentración. Prioriza una dieta equilibrada que incluya alimentos nutritivos.

- **Realiza actividad física:** La actividad física regular puede reducir el estrés, mejorar el estado de ánimo y aumentar los niveles de energía. Encuentra una actividad física que disfrutes y procura realizarla de manera habitual.

- **Duerme lo suficiente:** El sueño es esencial para la recuperación y el bienestar. Asegúrate de dormir las horas necesarias para sentirte descansado y con energía.

-

- **Desconecta de la tecnología:** Tómate tiempo para desconectar de los dispositivos electrónicos y las redes sociales. El exceso de tiempo frente a las pantallas puede contribuir al estrés y afectar la calidad del sueño.

- **Busca apoyo:** Habla con amigos, familiares o profesionales de la salud sobre tus preocupaciones y desafíos. Compartir tus inquietudes puede aliviar la tensión y proporcionar perspectivas y consejos valiosos.

- **Realiza actividades que te apasionen:** Dedica tiempo a realizar actividades que te apasionen y que te brinden alegría y satisfacción. Estas actividades pueden ser un bálsamo para el estrés y te ayudarán a mantener una perspectiva positiva.

- **Permítete tiempo para ti:** En la búsqueda del éxito financiero, es importante reservar tiempo para cuidarte a ti mismo. Esto incluye momentos de descanso, tiempo para el ocio y para dedicarte a tus pasatiempos e intereses.

En resumen, el autocuidado y la gestión del estrés son fundamentales para mantener una salud física y mental óptima en tu camino hacia el éxito y la libertad financiera. Al cuidar de ti mismo y mantener una gestión efectiva del estrés, estarás más preparado para enfrentar desafíos y perseguir tus metas financieras con una mente clara y enfocada. Recuerda que el bienestar personal es una base sólida para alcanzar el éxito sostenible en todas las áreas de tu vida, incluyendo tus objetivos financieros.

Conclusión

En cada página de "Liberando tu Libertad Financiera: Rápido y Consciente", hemos explorado juntos los caminos que te llevarán hacia la realización de tus sueños financieros en un tiempo sorprendentemente corto. Hemos desglosado los procesos clave para liberarte de las cadenas de las preocupaciones económicas y construir un futuro financiero sólido y abundante. Pero el conocimiento por sí solo no es suficiente; la verdadera transformación comienza cuando te atreves a cruzar las fronteras de tu zona de confort y aplicas lo que has aprendido en estas páginas.

Ahora es el momento de actuar, de hacer uso de las herramientas que hemos explorado juntos y de tomar las riendas de tu futuro financiero. No permitas que los miedos o la complacencia te detengan en tu camino hacia la libertad financiera. Recuerda que cada paso, por pequeño que sea, te acerca más a tus metas. La toma de decisiones conscientes y valientes te llevará más allá de lo que alguna vez imaginaste posible.

Enfrentar tus temores y abandonar la zona de confort puede ser desafiante, pero es en esos momentos de desafío donde creces y te transformas. Mantén tu visión en mente, visualiza tu libertad financiera con claridad y confía en ti mismo. Recuerda que las personas que han alcanzado grandes logros han tenido que superar obstáculos y enfrentar incertidumbres. Tu determinación y perseverancia te llevarán lejos.

No subestimes el poder de la acción constante y enfocada. Cada paso que tomes, cada elección que hagas, te acerca a la realización de tus objetivos. Permítete cometer errores, aprender de ellos y seguir adelante con aún más determinación. El camino hacia la libertad financiera puede tener altibajos, pero cada desafío es una oportunidad para aprender y crecer.

Al cerrar este libro, te invito a dar el primer paso audaz hacia tu futuro financiero. Aplica lo que has aprendido, toma decisiones con propósito y nunca subestimes tu capacidad para cambiar tu vida. La libertad financiera está al alcance de tu mano, y solo tú tienes el poder de hacerla realidad. El viaje puede ser desafiante, pero los resultados serán más gratificantes de lo que puedas imaginar.